Bienvenue

Laissez-nous vos impressions et vos sentiments sur votre séjour chez nous.

Aidez-nous à nous améliorer pour pouvoir offrir la meilleure expérience possible.

Nous vous souhaitons un agréable séjour.

Nombre d'invité(s):_____

D'où venez-vous ?_____

Date d'arrivée:_____ Date de départ:_____

Message pour l'hôte:_____

_____

_____

_____

_____

Nombre d'invité(s):_____

D'où venez-vous ?_____

Date d'arrivée:_____ Date de départ:_____

Message pour l'hôte:_____

_____

_____

_____

_____

Nombre d'invité(s):_____

D'où venez-vous ?_____

Date d'arrivée:_____ Date de départ:_____

Message pour l'hôte:_____

_____

_____

_____

_____

Nombre d'invité(s):_____

D'où venez-vous ?_____

Date d'arrivée:_____ Date de départ:_____

Message pour l'hôte:_____

_____

_____

_____

_____

Nombre d'invité(s):_____

D'où venez-vous ?_____

Date d'arrivée:_____ Date de départ:_____

Message pour l'hôte:_____

_____

_____

_____

_____

Nombre d'invité(s):_____

D'où venez-vous ?_____

Date d'arrivée:_____ Date de départ:_____

Message pour l'hôte:_____

_____

_____

_____

_____

Nombre d'invité(s):_____

D'où venez-vous ?_____

Date d'arrivée:_____ Date de départ:_____

Message pour l'hôte:_____

_____

_____

_____

_____

Nombre d'invité(s):_____

D'où venez-vous ?_____

Date d'arrivée:_____ Date de départ:_____

Message pour l'hôte:_____

_____

_____

_____

_____

Nombre d'invité(s):_____

D'où venez-vous ?_____

Date d'arrivée:_____ Date de départ:_____

Message pour l'hôte:_____

_____

_____

_____

_____

Nombre d'invité(s):_____

D'où venez-vous ?_____

Date d'arrivée:_____ Date de départ:_____

Message pour l'hôte:_____

_____

_____

_____

_____

Nombre d'invité(s):_____

D'où venez-vous ?_____

Date d'arrivée:_____ Date de départ:_____

Message pour l'hôte:_____

_____

_____

_____

_____

Nombre d'invité(s):_____

D'où venez-vous ?_____

Date d'arrivée:_____ Date de départ:_____

Message pour l'hôte:_____

_____

_____

_____

_____

Nombre d'invité(s):_____

D'où venez-vous ?_____

Date d'arrivée:_____ Date de départ:_____

Message pour l'hôte:_____

_____

_____

_____

_____

Nombre d'invité(s): _____

D'où venez-vous ? _____

Date d'arrivée: _____ Date de départ: _____

Message pour l'hôte: _____

_____

_____

_____

_____

Nombre d'invité(s):_____

D'où venez-vous ?_____

Date d'arrivée:_____ Date de départ:_____

Message pour l'hôte:_____

_____

_____

_____

_____

Nombre d'invité(s):_____

D'où venez-vous ?_____

Date d'arrivée:_____ Date de départ:_____

Message pour l'hôte:_____

_____

_____

_____

_____

Nombre d'invité(s):_____

D'où venez-vous ?_____

Date d'arrivée:_____ Date de départ:_____

Message pour l'hôte:_____

_____

_____

_____

_____

Nombre d'invité(s):_____

D'où venez-vous ?_____

Date d'arrivée:_____ Date de départ:_____

Message pour l'hôte: _____

_____

_____

_____

_____

Nombre d'invité(s):_____

D'où venez-vous ?_____

Date d'arrivée:_____ Date de départ:_____

Message pour l'hôte:_____

_____

_____

_____

_____

Nombre d'invité(s):_____

D'où venez-vous ?_____

Date d'arrivée:_____ Date de départ:_____

Message pour l'hôte:_____

_____

_____

_____

_____

Nombre d'invité(s):_____

D'où venez-vous ?_____

Date d'arrivée:_____ Date de départ:_____

Message pour l'hôte:_____

_____

_____

_____

_____

Nombre d'invité(s):_____

D'où venez-vous ?_____

Date d'arrivée:_____ Date de départ:_____

Message pour l'hôte:_____

_____

_____

_____

_____

Nombre d'invité(s):_____

D'où venez-vous ?_____

Date d'arrivée:_____ Date de départ:_____

Message pour l'hôte: _____

_____

_____

_____

_____

Nombre d'invité(s):_____

D'où venez-vous ?_____

Date d'arrivée:_____ Date de départ:_____

Message pour l'hôte:_____

_____

_____

_____

_____

Nombre d'invité(s):_____

D'où venez-vous ?_____

Date d'arrivée:_____ Date de départ:_____

Message pour l'hôte:_____

_____

_____

_____

_____

Nombre d'invité(s): _____

D'où venez-vous ? _____

Date d'arrivée: _____ Date de départ: _____

Message pour l'hôte: _____

_____

_____

_____

_____

Nombre d'invité(s): _____

D'où venez-vous ? _____

Date d'arrivée: _____ Date de départ: _____

Message pour l'hôte: _____

_____

_____

_____

_____

Nombre d'invité(s):_____

D'où venez-vous ?_____

Date d'arrivée:_____ Date de départ:_____

Message pour l'hôte:_____

_____

_____

_____

_____

Nombre d'invité(s):_____

D'où venez-vous ?_____

Date d'arrivée:_____ Date de départ:_____

Message pour l'hôte:_____

_____

_____

_____

_____

Nombre d'invité(s): _____

D'où venez-vous ? _____

Date d'arrivée: _____ Date de départ: _____

Message pour l'hôte: _____

_____

_____

_____

_____

Nombre d'invité(s):_____

D'où venez-vous ?_____

Date d'arrivée:_____ Date de départ:_____

Message pour l'hôte:_____

_____

_____

_____

_____

Nombre d'invité(s):_____

D'où venez-vous ?_____

Date d'arrivée:_____ Date de départ:_____

Message pour l'hôte:_____

_____

_____

_____

_____

Nombre d'invité(s):_____

D'où venez-vous ?_____

Date d'arrivée:_____ Date de départ:_____

Message pour l'hôte:_____

_____

_____

_____

_____

Nombre d'invité(s): _____

D'où venez-vous ? _____

Date d'arrivée: _____ Date de départ: _____

Message pour l'hôte: _____

_____

_____

_____

_____

Nombre d'invité(s):_____

D'où venez-vous ?_____

Date d'arrivée:_____ Date de départ:_____

Message pour l'hôte:_____

_____

_____

_____

_____

Nombre d'invité(s):_____

D'où venez-vous ?_____

Date d'arrivée:_____ Date de départ:_____

Message pour l'hôte:_____

_____

_____

_____

_____

Nombre d'invité(s):_____

D'où venez-vous ?_____

Date d'arrivée:_____ Date de départ:_____

Message pour l'hôte:_____

_____

_____

_____

_____

Nombre d'invité(s):_____

D'où venez-vous ?_____

Date d'arrivée:_____ Date de départ:_____

Message pour l'hôte:_____

_____

_____

_____

_____

Nombre d'invité(s):_____

D'où venez-vous ?_____

Date d'arrivée:_____ Date de départ:_____

Message pour l'hôte:_____

_____

_____

_____

_____

Nombre d'invité(s):_____

D'où venez-vous ?_____

Date d'arrivée:_____ Date de départ:_____

Message pour l'hôte:_____

_____

_____

_____

_____

Nombre d'invité(s):_____

D'où venez-vous ?_____

Date d'arrivée:_____ Date de départ:_____

Message pour l'hôte:_____

_____

_____

_____

_____

Nombre d'invité(s):_____

D'où venez-vous ?_____

Date d'arrivée:_____ Date de départ:_____

Message pour l'hôte:_____

_____

_____

_____

_____

Nombre d'invité(s):_____

D'où venez-vous ?_____

Date d'arrivée:_____ Date de départ:_____

Message pour l'hôte:_____

_____

_____

_____

_____

Nombre d'invité(s):_____

D'où venez-vous ?_____

Date d'arrivée:_____ Date de départ:_____

Message pour l'hôte:_____

_____

_____

_____

_____

Nombre d'invité(s):_____

D'où venez-vous ?_____

Date d'arrivée:_____ Date de départ:_____

Message pour l'hôte:_____

_____

_____

_____

_____

_____

Nombre d'invité(s): _____

D'où venez-vous ? _____

Date d'arrivée: _____ Date de départ: _____

Message pour l'hôte: _____

_____

_____

_____

_____

Nombre d'invité(s):_____

D'où venez-vous ?_____

Date d'arrivée:_____ Date de départ:_____

Message pour l'hôte:_____

_____

_____

_____

_____

Nombre d'invité(s):_____

D'où venez-vous ?_____

Date d'arrivée:_____ Date de départ:_____

Message pour l'hôte:_____

_____

_____

_____

_____

Nombre d'invité(s):_____

D'où venez-vous ?_____

Date d'arrivée:_____ Date de départ:_____

Message pour l'hôte:_____

_____

_____

_____

_____

Nombre d'invité(s):_____

D'où venez-vous ?_____

Date d'arrivée:_____ Date de départ:_____

Message pour l'hôte: _____
_____
_____
_____
_____

Nombre d'invité(s):_____

D'où venez-vous ?_____

Date d'arrivée:_____ Date de départ:_____

Message pour l'hôte:_____

_____

_____

_____

_____

Nombre d'invité(s):_____

D'où venez-vous ?_____

Date d'arrivée:_____ Date de départ:_____

Message pour l'hôte:_____

_____

_____

_____

_____

Nombre d'invité(s):_____

D'où venez-vous ?_____

Date d'arrivée:_____ Date de départ:_____

Message pour l'hôte:_____

_____

_____

_____

_____

Nombre d'invité(s):_____

D'où venez-vous ?_____

Date d'arrivée:_____ Date de départ:_____

Message pour l'hôte:_____

_____

_____

_____

_____

Nombre d'invité(s): _____

D'où venez-vous ? _____

Date d'arrivée: _____ Date de départ: _____

Message pour l'hôte: _____

_____

_____

_____

_____

_____

Nombre d'invité(s): _____

D'où venez-vous ? _____

Date d'arrivée: _____ Date de départ: _____

Message pour l'hôte: _____

_____

_____

_____

_____

Nombre d'invité(s):_____

D'où venez-vous ?_____

Date d'arrivée:_____ Date de départ:_____

Message pour l'hôte:_____

_____

_____

_____

_____

Nombre d'invité(s):_____

D'où venez-vous ?_____

Date d'arrivée:_____ Date de départ:_____

Message pour l'hôte:_____
_____
_____
_____
_____

Nombre d'invité(s):_____

D'où venez-vous ?_____

Date d'arrivée:_____ Date de départ:_____

Message pour l'hôte:_____

_____

_____

_____

_____

Nombre d'invité(s):_____

D'où venez-vous ?_____

Date d'arrivée:_____ Date de départ:_____

Message pour l'hôte:_____
_____
_____
_____
_____

Nombre d'invité(s): _____

D'où venez-vous ? _____

Date d'arrivée: _____ Date de départ: _____

Message pour l'hôte: _____

_____

_____

_____

_____

Nombre d'invité(s):_____

D'où venez-vous ?_____

Date d'arrivée:_____ Date de départ:_____

Message pour l'hôte:_____

_____

_____

_____

_____

Nombre d'invité(s):_____

D'où venez-vous ?_____

Date d'arrivée:_____ Date de départ:_____

Message pour l'hôte:_____

_____

_____

_____

_____

Nombre d'invité(s):_____

D'où venez-vous ?_____

Date d'arrivée:_____ Date de départ:_____

Message pour l'hôte:_____

_____

_____

_____

_____

Nombre d'invité(s):_____

D'où venez-vous ?_____

Date d'arrivée:_____ Date de départ:_____

Message pour l'hôte:_____

_____

_____

_____

_____

Nombre d'invité(s):_____

D'où venez-vous ?_____

Date d'arrivée:_____ Date de départ:_____

Message pour l'hôte: _____

_____

_____

_____

_____

Nombre d'invité(s):_____

D'où venez-vous ?_____

Date d'arrivée:_____ Date de départ:_____

Message pour l'hôte:_____

_____

_____

_____

_____

Nombre d'invité(s):_____

D'où venez-vous ?_____

Date d'arrivée:_____ Date de départ:_____

Message pour l'hôte:_____

_____

_____

_____

_____

Nombre d'invité(s):_____

D'où venez-vous ?_____

Date d'arrivée:_____ Date de départ:_____

Message pour l'hôte:_____

_____

_____

_____

_____

Nombre d'invité(s):_____

D'où venez-vous ?_____

Date d'arrivée:_____ Date de départ:_____

Message pour l'hôte:_____

_____

_____

_____

_____

Nombre d'invité(s):_____

D'où venez-vous ?_____

Date d'arrivée:_____ Date de départ:_____

Message pour l'hôte:_____

_____

_____

_____

_____

Nombre d'invité(s):_____

D'où venez-vous ?_____

Date d'arrivée:_____ Date de départ:_____

Message pour l'hôte:_____

_____

_____

_____

_____

Nombre d'invité(s):_____

D'où venez-vous ?_____

Date d'arrivée:_____ Date de départ:_____

Message pour l'hôte:_____

_____

_____

_____

_____

Nombre d'invité(s):_____

D'où venez-vous ?_____

Date d'arrivée:_____ Date de départ:_____

Message pour l'hôte:_____

_____

_____

_____

_____

Nombre d'invité(s):_____

D'où venez-vous ?_____

Date d'arrivée:_____ Date de départ:_____

Message pour l'hôte:_____
_____
_____
_____
_____

Nombre d'invité(s):_____

D'où venez-vous ?_____

Date d'arrivée:_____ Date de départ:_____

Message pour l'hôte:_____

_____

_____

_____

_____

Nombre d'invité(s):_____

D'où venez-vous ?_____

Date d'arrivée:_____ Date de départ:_____

Message pour l'hôte:_____

_____

_____

_____

_____

Nombre d'invité(s):_____

D'où venez-vous ?_____

Date d'arrivée:_____ Date de départ:_____

Message pour l'hôte:_____

_____

_____

_____

_____

Nombre d'invité(s):_____

D'où venez-vous ?_____

Date d'arrivée:_____ Date de départ:_____

Message pour l'hôte:_____

_____

_____

_____

_____

Nombre d'invité(s):_____

D'où venez-vous ?_____

Date d'arrivée:_____ Date de départ:_____

Message pour l'hôte:_____

_____

_____

_____

_____

Nombre d'invité(s):_____

D'où venez-vous ?_____

Date d'arrivée:_____ Date de départ:_____

Message pour l'hôte:_____

_____

_____

_____

_____

Nombre d'invité(s):_____

D'où venez-vous ?_____

Date d'arrivée:_____ Date de départ:_____

Message pour l'hôte:_____
_____
_____
_____
_____

Nombre d'invité(s):_____

D'où venez-vous ?_____

Date d'arrivée:_____ Date de départ:_____

Message pour l'hôte:_____

_____

_____

_____

_____

Nombre d'invité(s):_____

D'où venez-vous ?_____

Date d'arrivée:_____ Date de départ:_____

Message pour l'hôte:_____

_____

_____

_____

_____

Nombre d'invité(s):_____

D'où venez-vous ?_____

Date d'arrivée:_____ Date de départ:_____

Message pour l'hôte:_____

_____

_____

_____

_____

Nombre d'invité(s):_____

D'où venez-vous ?_____

Date d'arrivée:_____ Date de départ:_____

Message pour l'hôte:_____

_____

_____

_____

_____

Nombre d'invité(s):_____

D'où venez-vous ?_____

Date d'arrivée:_____ Date de départ:_____

Message pour l'hôte:_____
_____
_____
_____
_____

Nombre d'invité(s):_____

D'où venez-vous ?_____

Date d'arrivée:_____ Date de départ:_____

Message pour l'hôte:_____

_____

_____

_____

_____

Nombre d'invité(s):_____

D'où venez-vous ?_____

Date d'arrivée:_____ Date de départ:_____

Message pour l'hôte:_____

_____

_____

_____

_____

Nombre d'invité(s):_____

D'où venez-vous ?_____

Date d'arrivée:_____ Date de départ:_____

Message pour l'hôte:_____

_____

_____

_____

_____

Nombre d'invité(s):_____

D'où venez-vous ?_____

Date d'arrivée:_____ Date de départ:_____

Message pour l'hôte:_____

_____

_____

_____

_____

Nombre d'invité(s):_____

D'où venez-vous ?_____

Date d'arrivée:_____ Date de départ:_____

Message pour l'hôte:_____

_____

_____

_____

_____

Nombre d'invité(s):_____

D'où venez-vous ?_____

Date d'arrivée:_____ Date de départ:_____

Message pour l'hôte:_____

_____

_____

_____

_____

Nombre d'invité(s):_____

D'où venez-vous ?_____

Date d'arrivée:_____ Date de départ:_____

Message pour l'hôte:_____

_____

_____

_____

_____

Nombre d'invité(s):_____

D'où venez-vous ?_____

Date d'arrivée:_____ Date de départ:_____

Message pour l'hôte:_____

_____

_____

_____

_____

Nombre d'invité(s):_____

D'où venez-vous ?_____

Date d'arrivée:_____ Date de départ:_____

Message pour l'hôte:_____

_____

_____

_____

_____

Nombre d'invité(s):_____

D'où venez-vous ?_____

Date d'arrivée:_____ Date de départ:_____

Message pour l'hôte:_____

_____

_____

_____

_____

Nombre d'invité(s): _____

D'où venez-vous ? _____

Date d'arrivée: _____ Date de départ: _____

Message pour l'hôte: _____

_____

_____

_____

_____

Nombre d'invité(s):_____

D'où venez-vous ?_____

Date d'arrivée:_____ Date de départ:_____

Message pour l'hôte:_____

_____

_____

_____

_____

Nombre d'invité(s):_____

D'où venez-vous ?_____

Date d'arrivée:_____ Date de départ:_____

Message pour l'hôte:_____
_____
_____
_____
_____

Printed in France by Amazon
Brétigny-sur-Orge, FR

17657209R00058